Jiangning Chen

Revisitar a Indústria 4.0 com um estudo de caso na China 2025

Jiangning Chen

Revisitar a Indústria 4.0 com um estudo de caso na China 2025

ScienciaScripts

Cover image: www.ingimage.com

This book is a translation from the original published under ISBN 978-620-2-31625-5.

Publisher:
Sciencia Scripts
is a trademark of
Dodo Books Indian Ocean Ltd. and OmniScriptum S.R.L publishing group

120 High Road, East Finchley, London, N2 9ED, United Kingdom
Str. Armeneasca 28/1, office 1, Chisinau MD-2012, Republic of Moldova, Europe
Printed at: see last page
ISBN: 978-620-7-87562-7

Cognição da indústria 4.0 e investigação sobre a China inteligente

Norma de fabrico

Chen Jiangning[1]Ma Yuanye[2]Wei Sha[3]

Resumo - A indústria transformadora tradicional está a ser transformada numa indústria transformadora avançada caracterizada pela "digitalização, ligação em rede e inteligência". O novo ciclo da revolução industrial (mudança) estende-se a todos os aspectos da indústria transformadora. A Alemanha e a China lançaram estratégias nacionais para revitalizar a indústria transformadora. [2]Este artigo apresenta os conhecimentos sobre a Indústria 4.01 e a investigação sobre as normas chinesas de fabrico inteligente, e partilha as realizações da China e da Alemanha em matéria de reconhecimento mútuo de normas.

Palavras-chave - Indústria 4.0, fabrico inteligente, normalização

1 Chen Jiangning, Siemens Institute China, jiangning.chen@siemens.com
2 Ma Yuanye, Ph.D., Instituto Chinês de Normas Electrónicas, mayy@cesi.cn
3 Weisha, Ph.D., Instituto Chinês de Normas Electrónicas, mayy@cesi.cn

Alguns dos conteúdos são resumos de documentos públicos; gostaríamos, por conseguinte, de agradecer a todos os autores/autoridades em causa.

I. INTRODUÇÃO

Atualmente, a produção tradicional está a ser transformada numa produção avançada caracterizada pela "digitalização, ligação em rede e inteligência". O novo ciclo da revolução industrial (mudança) está a aprofundar-se em todos os aspectos da indústria transformadora. Desde a crise financeira mundial, uma nova geração de tecnologias da informação e da comunicação desenvolveu-se rapidamente e tem sido continuamente integrada em tecnologias de fabrico avançadas. Um novo ciclo de mudança industrial, representado pelo fabrico inteligente, surgiu em todo o mundo. A digitalização, a ligação em rede e a inteligência tornaram-se gradualmente as principais tendências no desenvolvimento da indústria transformadora no futuro. Os principais países industrializados do mundo redobraram os seus esforços para desenvolver novas estratégias de revitalização da indústria transformadora, apoiando e promovendo simultaneamente o desenvolvimento do fabrico inteligente, a fim de remodelar as novas vantagens competitivas da indústria transformadora.

II. A COGNIÇÃO DA INDÚSTRIA 4.0 E DO MADE IN CHINA 2025[3]

A Alemanha introduziu pela primeira vez o conceito de "Indústria 4.0" na Feira de Hanôver em 2013. Em 2014, a Alemanha adoptou-o como uma estratégia baseada na produção e uma estratégia nacional para revitalizar a produção avançada. Atualmente, esta visão passou gradualmente da teoria para o terreno da produção e alarga conceitos semelhantes como "sensor 4.0" e "logística 4.0". Existem tecnologias, produtos e soluções mais ou menos maduros que põem em prática ou apoiam estes conceitos. Na Hannover Messe de 2016, foram apresentados numerosos casos de aplicação e linhas de produção de demonstração. A exposição não mostrou apenas a linha de teste de fabrico inteligente, mas também equipamento com "características da Indústria 4.0", como RFID, robôs, impressão 3D, a plataforma de nuvem MindsPhere da Siemens para a Internet das Coisas e o Predix da GE. A Indústria 4.0 vai mudar a estrutura industrial da Alemanha. No futuro, os métodos de produção e os recursos de gestão serão sistemáticos e orientados por dados. Esta ideia atravessa toda a cadeia de valor do produto para satisfazer as necessidades de inovação, produção, otimização e personalização do produto. Está também integrada na gestão empresarial para reduzir o consumo de energia e aumentar a utilização de recursos.

Como entender a Indústria 4.0 tem sido um tema quente discutido a vários níveis na China nos últimos anos. De acordo com o entendimento do autor, a utilização da tecnologia da informação e da IoT para integrar profundamente as indústrias transformadoras, centrando-se na gestão do conhecimento, na integração de seres humanos, máquinas e materiais, e gerir sem problemas os fluxos de produção, a logística e os fluxos de informação numa plataforma colaborativa. Ao mesmo tempo, o valor dos dados deve ser plenamente explorado e utilizado, e os sistemas e processos optimizados. Ao mesmo tempo, a segurança e a arquitetura da informação também devem ser tidas em conta. Na produção industrial, os sistemas de controlo da produção e as redes de escritórios podem ser ligados de forma segura e eficiente. Interligar os equipamentos de produção e de transporte com o processo de produção e os dados de qualidade e interligar toda a cadeia de valor com os utilizadores finais. Com o apoio de dados estruturados, a produção empresarial pode realizar a integração de toda a visualização de processos, tecnologia da informação e tecnologia operacional, melhorando as capacidades de fabrico inteligente e reduzindo eficazmente o desperdício, melhorando a eficiência e a segurança.

Em 2015, a China propôs o "Made in China 2025", estabelecendo uma ligação com a Indústria 4.0 a nível governamental. A fim de acelerar a transformação e a modernização da indústria transformadora da China e melhorar a qualidade e a eficiência, o Conselho de Estado promulgou e implementou o "Made in China 2025", tomando a produção inteligente como a principal direção de ataque, acelerando o cultivo do novo motor de crescimento económico da China e aproveitando as alturas de comando do novo ciclo de concorrência industrial. Atualmente, a indústria transformadora da China ainda se encontra numa situação em que coexistem diferentes formas de desenvolvimento da mecanização, eletrificação, automação e informatização, e o desenvolvimento em diferentes regiões, indústrias e empresas não é equilibrado. Os problemas encontrados no desenvolvimento da indústria transformadora inteligente incluem o talento limitado em equipamento técnico essencial, normas de produção inteligente, software, redes e infra-estruturas de segurança da informação fracas. O projeto "Made in China 2025" define o fabrico inteligente como um dos cinco projectos que o governo está a orientar e a promover. O objetivo é integrar melhor todos os recursos sociais, elaborar planos abrangentes para todos os elos fundamentais do fabrico inteligente, eliminar os estrangulamentos no desenvolvimento e promover sistematicamente o desenvolvimento de tecnologia e equipamento, a formulação de normas, o desenvolvimento de novos modelos e aplicações integradas. Acelerar a organização e a implementação de projectos de fabrico inteligente é de grande importância para promover os primeiros avanços nas dez áreas-chave da "China Manufacturing 2025", promovendo a transformação e a modernização das indústrias transformadoras tradicionais e alcançando o objetivo de uma potência transformadora.

O fabrico inteligente refere-se à inteligência do processo de fabrico, em vez de se limitar a atualizar o software e o hardware ou ao que é conhecido como "interconexão soft-soft ou soft-hard". Trata-se de uma combinação de sistemas, dados e gestão. É também a estrutura e o resultado da interação entre o homem e o computador. O fabrico inteligente deve preparar o caminho para futuras melhorias e ganhos de eficiência para as empresas transformadoras. Deve ter como requisito básico os indicadores-chave de desempenho empresarial, basear-se na gestão do ciclo de vida dos produtos (PLM), na gestão do ciclo de vida dos equipamentos (ELM) e na gestão e controlo integrados (IMC) para formar uma empresa digital que promova o valor do ciclo de vida dos dados (DLM), baseando-se na cadeia de valor da produção para permitir o fluxo de dados. Criando valor nos vários elos de produção e devolvendo-o à própria produção. No entanto, o fator humano é insubstituível. Só o modo de integração homem-computador pode exercer as suas vantagens e potencialidades.

Desde a implementação do "Made in China 2025", o país emitiu sucessivamente documentos políticos como o "Guia de Implementação da Engenharia de Fabrico Inteligente" e o "Planeamento do Desenvolvimento do Fabrico Inteligente (2016-2020)" para promover o desenvolvimento do fabrico inteligente na China. Atualmente, a conceção de alto nível para promover o fabrico inteligente na China está basicamente concluída e foi totalmente transferida para a fase de implementação. Desde 2015, a China tem implementado sucessivamente acções especiais para o fabrico inteligente e demonstrações-piloto para o fabrico inteligente, e apoiado a construção do sistema nacional de normas de fabrico inteligente. Estas acções especiais promoveram a controlabilidade da segurança do equipamento de fabrico inteligente, desempenharam plenamente o papel de demonstração e promoveram a transformação inteligente das indústrias transformadoras. Em termos de normalização, o Estado formulou e emitiu as "Directrizes para a construção de um sistema nacional de normas de fabrico inteligente", tendo sido proposto o quadro geral do sistema de normas de fabrico inteligente.

O Grupo de Trabalho Sino-Alemão sobre Fabrico Inteligente e Indústria 4.0 foi criado em cooperação com a Alemanha. As duas partes cooperaram no sistema de fabrico inteligente e em áreas-chave da normalização.

III. [5]ALEMANHA RAMI4.0 E SISTEMA DE FABRICO INTELIGENTE DA CHINA ARQUITETURA

Em março de 2015, a Associação Alemã da Indústria Eléctrica e Eletrónica (ZVEI) identificou a arquitetura de referência para a Indústria 4.0, RAMI4.0 (como mostra a Figura 1). O modelo RAMI 4.0 pode ser integrado na atual implementação faseada da Indústria 4.0. A IEC 62890 é implementada nas fases do ciclo de vida e da cadeia de valor: Processo industrial, sistemas de controlo e automação e normas de gestão do ciclo de vida do produto. A IEC 62264/IEC 61512 é implementada na dimensão hierárquica: normas de integração de sistemas de controlo e normas de controlo de lotes. A definição e a aplicação dos componentes variam consoante a indústria

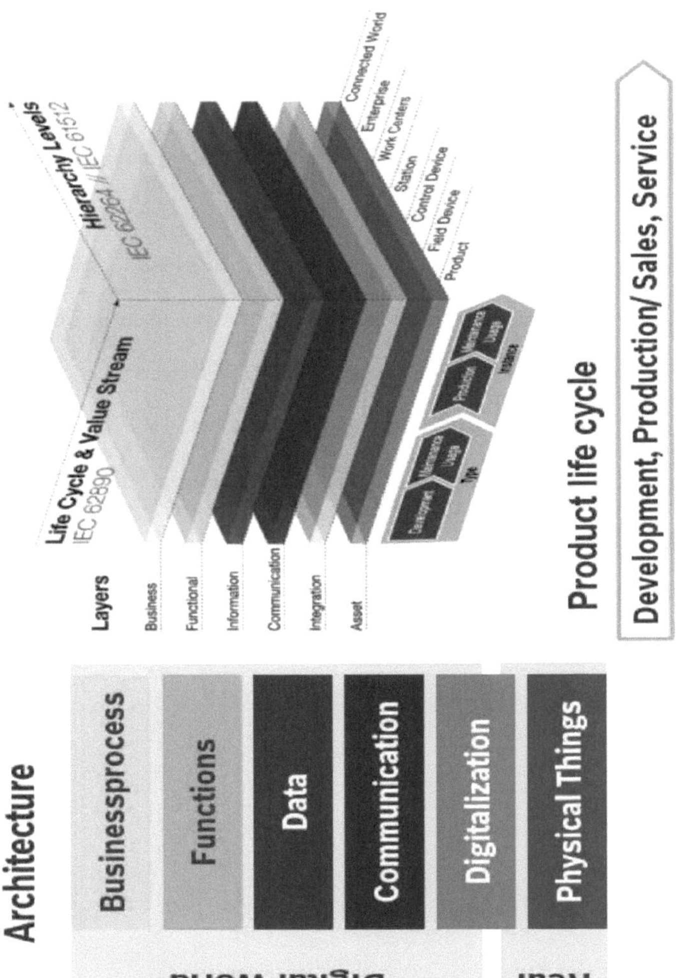

Figure 1 RAMI4.0 mode

O RAMI4.0 estabelece um modelo padrão baseado nas três dimensões de negócio, produção e produto. A essência é combinar o fluxo de negócios da empresa, o fluxo de produção e o fluxo de produto. É a partir daqui que se pode encontrar a solução para a formação de valor - que deve ser baseada na indústria e na aplicação, com os dados a fluir através da solução. Ao mesmo tempo, existem normas IEC em cada direção como base, o que mostra que não se trata de uma inversão revolucionária, mas de inovação e integração baseadas no original. Para cada item, é instalada uma jaqueta digital conversível e, em seguida, a interconexão é fornecida pela Indústria 4.0 em um determinado sentido. Do ponto de vista da IOT (Internet das Coisas), estas três dimensões estão todas ligadas ao mundo exterior através do mapeamento das características digitais correspondentes na entidade original. Isto também mostra que estes dados são estruturados e orientados para objectos (como mostra a Figura 2).

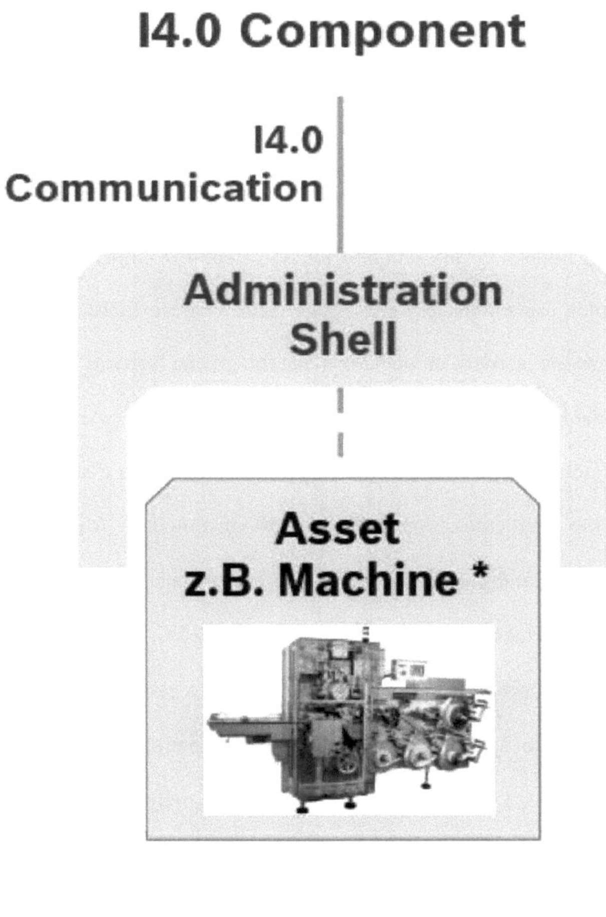

Figura 2 Estrutura de expressão de dados na arquitetura RAM I4.0

A Indústria 4.0 propõe uma integração tridimensional baseada na arquitetura RAMI 4.0 (como mostra a Figura 3), nomeadamente a chamada integração horizontal, a integração vertical e a integração de ponta a ponta. Esta arquitetura é também muito interessante. Pode ser entendida como uma integração das três dimensões do fluxo comercial, do fluxo de produção e do fluxo de produtos dentro da empresa. Também pode ser vista como a forma empresarial de diferentes empresas. São enumerados alguns exemplos específicos em cada integração, como a fábrica digital de ponta a ponta, a gestão de activos empresariais na integração vertical e as aplicações de operação e manutenção remotas na integração horizontal. Ao mesmo tempo, a segurança, a interoperabilidade da informação e a modelação e simulação podem ser utilizadas como elementos comuns nas três integrações. Ao mesmo tempo, a segurança, a interoperabilidade da informação e a modelação e simulação podem ser utilizadas como elementos comuns nas três integrações. A modelação refere-se à modelação de instalações, processos, equipamentos e produtos para o processo de fabrico. A simulação é utilizada para otimização, repetição, feedback e registo dos processos de fabrico. Esta arquitetura é logicamente prática, fácil de implementar e evita interpretações divergentes.

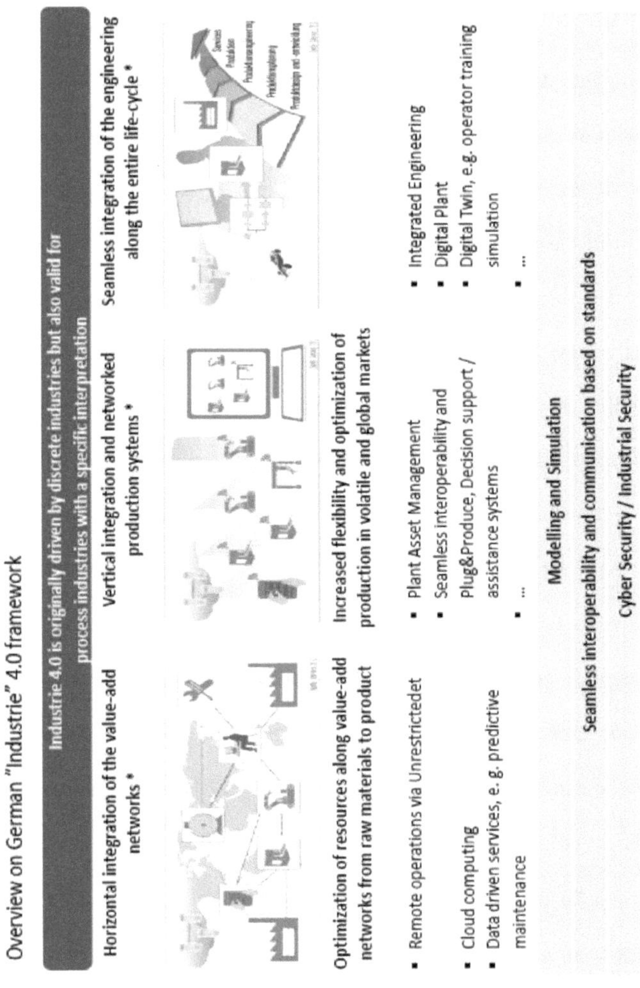

Figura 3. Visão geral do quadro da Indústria 4.0 alemã.

O "Guia de Construção do Sistema Padrão de Fabrico Inteligente da China (Edição de 2015)", publicado no final de 2015, propõe a arquitetura do sistema de fabrico inteligente da China (como se mostra na Figura 4). A arquitetura baseia-se nas três dimensões do ciclo de vida, do nível do sistema e da função inteligente. Trata-se de um estudo de modelização da arquitetura e do quadro normalizados do fabrico inteligente. Mais especificamente, a dimensão do ciclo de vida é um conjunto de actividades de criação de valor inter-relacionadas, como a conceção, a produção, a logística, as vendas e os serviços. Estas são as fases que vão desde o desenvolvimento de um protótipo de produto até ao fim da vida do produto. As actividades do ciclo de vida são interdependentes e interagem entre si; indústrias diferentes têm ciclos de vida diferentes. A dimensão do ciclo de vida deve refletir o fluxo de informação e de dados no processo de fabrico inteligente. Com o desenvolvimento da digitalização, da inteligência e do fabrico em rede, algumas ou todas as actividades do ciclo de vida tendem a evoluir em paralelo, em colaboração e em ciclo. O nível do sistema é composto por cinco camadas, de baixo para cima, nomeadamente a camada de equipamento, a camada de controlo, a camada de chão de fábrica, a camada de empresa e a camada de colaboração. A camada do sistema de fabrico inteligente reflecte a inteligencialização do equipamento e a protocolização da Internet (IP), bem como a tendência para o achatamento da rede. A função inteligente refere-se à divisão hierárquica de uma nova geração de tecnologias da informação e da comunicação que permite uma ou mais funções como a auto-consciência, a auto-aprendizagem, a autodecisão, o auto-reforço e a auto-adaptação nas actividades de fabrico, incluindo elementos de recursos, integração de sistemas, interligação, integração de informações e actividades emergentes, as cinco camadas de requisitos inteligentes acima referidas.

A chave para o fabrico inteligente é conseguir uma integração vertical a diferentes níveis da camada de equipamento da empresa, da camada de controlo, do chão de fábrica, do chão de fábrica e da camada de colaboração. A integração horizontal atravessa os diferentes níveis de funções inteligentes. E a integração de ponta a ponta abrange todo o ciclo de vida do produto.

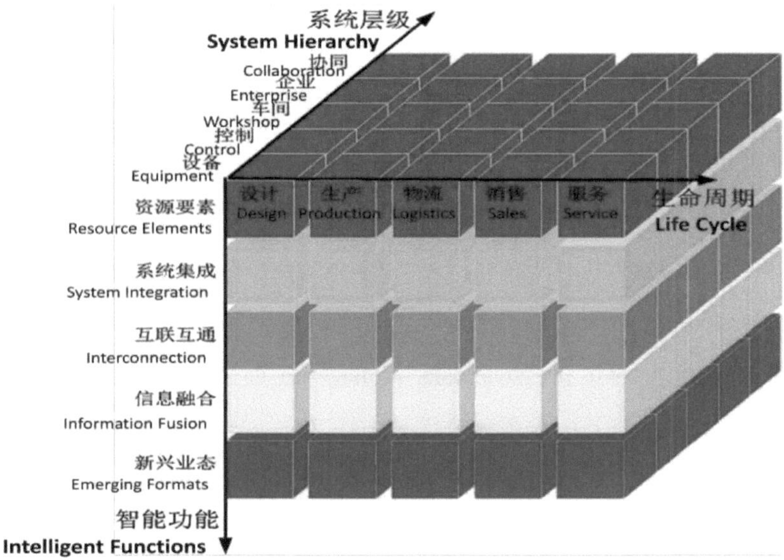

Figura 4 Arquitetura do sistema de fabrico inteligente chinês[7]

IV. Interface das normas da indústria 4.0 com as tecnologias inteligentes da China

Normas de fabrico

Em maio de 2015, a China e a Alemanha criaram conjuntamente o Grupo de Trabalho Sino-Alemão sobre Fabrico Inteligente e Normalização da Indústria 4.0. Desde a criação do grupo de trabalho, foram realizadas quatro reuniões consecutivas do grupo de trabalho. Os peritos chineses e alemães realizaram uma cooperação prática nas áreas da arquitetura do sistema de fabrico inteligente e do reconhecimento mútuo do RAMI4.0, da segurança da informação e da segurança funcional, das comunicações sem fios, da manutenção preditiva e dos casos de utilização e aplicações. A figura 5 mostra os resultados do reconhecimento mútuo entre a arquitetura chinesa do sistema de fabrico inteligente (IMSA) e o RAMI 4.0 com base na plataforma do grupo de trabalho. Globalmente, a IMSA e o RAMI 4.0 podem formar uma relação de correspondência. Na dimensão do ciclo de vida da GFSI, para além das vendas, a conceção, a produção, a logística e os serviços podem ser mapeados para a I&D, os produtos, a manutenção e a utilização nas dimensões do ciclo de vida e da cadeia de valor do RAMI 4.0, respetivamente. A dimensão do nível do sistema GFSI e a dimensão da função de inteligência também podem ser mapeadas no RAMI 4.0. O nível da fábrica da dimensão da hierarquia do sistema pode corresponder às máquinas-ferramentas e às unidades de trabalho da dimensão da hierarquia do RAMI 4.0.

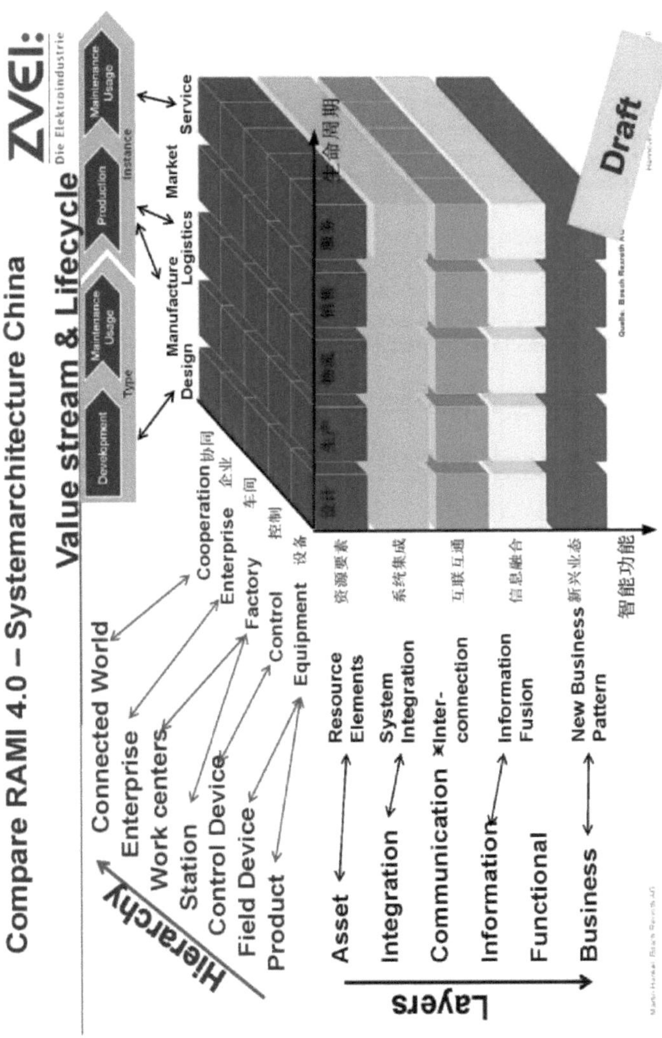

Figura 5 Resultados do reconhecimento mútuo entre o IMSA e o RAMI4.0

Com base nos resultados do reconhecimento mútuo da GFSI e da RAMI4.0, os peritos chineses e alemães efectuaram um estudo comparativo das normas da Indústria 4.0 e das normas chinesas de fabrico inteligente. As 36 normas mútuas foram inicialmente reconhecidas. Destas, 15 dizem respeito às comunicações, 8 ao controlo industrial, 5 à integração de sistemas, 4 à segurança da informação, 2 à semântica e 2 a outros domínios. No que diz respeito às normas no domínio das comunicações, por exemplo, a norma nacional alemã K912 e a norma nacional chinesa GB/T 21109 adoptam conjuntamente a norma internacional IEC 61511.

V. O ESTUDO

Em projectos reais, são necessárias normas para o posicionamento de cada projeto-piloto, são igualmente fornecidos exemplos e modelos para a verificação simultânea dos modelos RAMI4.0 e IMSVA. Por exemplo, na prática da digitalização da documentação relativa ao funcionamento e à manutenção dos equipamentos, verifica-se que o ciclo de vida do produto indicado pelo modelo é linear e que a correspondência com o projeto é discreta, tanto para a conceção como para o serviço. Isto deve-se ao facto de o ciclo de vida do produto ser um anel ecológico natural. Consequentemente, no projeto conjunto sino-alemão de normas, os alemães e os chineses aprovaram os resultados da investigação e ambas as partes consideram que o modelo atual tem de ser ajustado. Deste ponto de vista, o RAMI4.0 e o modelo IMSA estão ainda na fase de imaginação e concetualização. Precisam de muita prática. Uma vez que o fabrico inteligente é uma gestão do conhecimento baseada em aplicações de fabrico e na experiência industrial, não se trata apenas de um produto ou de uma norma de processo industrial, mas de um conjunto de tecnologias de aplicação, tais como processos, tecnologias da informação e automatização. Esta é uma forma completamente diferente de pensar na formulação de normas. Em particular, as normas para a gestão do fabrico inteligente, os talentos do fabrico inteligente e os integradores de sistemas de fabrico inteligente são a formulação de uma norma de ecossistema.

VI. CONCLUSÃO

As normas de fabrico inteligente devem basear-se nas condições nacionais. Utilizar plenamente o mecanismo existente de coordenação e colaboração multissectorial com comités multicritérios para fazer um esforço concertado para reunir os recursos de normalização nacionais e internacionais. Criar um sistema robusto de normas de fabrico inteligente que satisfaça as necessidades do desenvolvimento industrial avançado e aplicável.

A implementação de vários tipos de projectos de demonstração de fabrico inteligente promovidos pelo Ministério da Indústria e pelas autoridades locais revelou uma tendência no estudo das normas. Em particular, a importância do projeto-piloto de aterragem para o RAMI 4.0 e a arquitetura da Norma de Fabrico Inteligente da China (IMSA). É muito necessário definir a conceção de alto nível e o caminho de implementação da norma de fabrico inteligente, o que pode ajudar as empresas a desenvolver o seu próprio planeamento estratégico de fabrico inteligente, planos, projectos-piloto e outras orientações. É imperativo promover directrizes para as normas de fabrico inteligente e aumentar a sensibilização para essas normas.

Continuar a promover ativamente a cooperação entre a China e a Alemanha no domínio da normalização, com base numa cooperação sino-alemã inteligente.
Grupo de Trabalho para a Normalização da Indústria Transformadora/Indústria 4.0.
Com base nos 9 consensos alcançados nos domínios do reconhecimento mútuo da

arquitetura de sistemas, da segurança da informação e das comunicações sem fios, exportar ativamente os resultados da investigação sobre a normalização do fabrico inteligente e da Indústria 4.0 para a ISO e a IEC,

UIT e outras organizações internacionais de normalização.

VII. **Referências** :

[1] Arquitetura de referência da Indústria 4.0（ZVEI）

[2] Norma chinesa de fabrico inteligente Norma nacional de fabrico inteligente Guia de construção do sistema standard (2015)

[3] Conselho de Estado. Made in China 2025 [M].No（2015） 28.2015.5.19.

[4] Alguns conteúdos e ícones referem-se à equipa Siemens BSG2I4.0.

[5] Parte do conteúdo e do índice refere-se a <Revisitar a Indústria 4.0 com um estudo de caso>.

Jiangning Chen, Jiehan Zhou *(Membro, IEEE)*
Revisitando a Indústria 4.0 através de um estudo de caso

***Resumo-* A Indústria 4.0 está a tornar-se um tema quente. Neste artigo, revisitamos a Indústria 4.0 em termos dos seus objectivos, características e indicadores-chave de desempenho. Apresentamos um roteiro de referência para levar um projeto da Indústria 4.0 do planeamento à implementação. Apresentamos o estudo de caso da indústria do aço 4.0 e as lições a aprender. Além disso, damos sugestões para fazer avançar a Indústria 4.0.**

***Palavras-chave* - Indústria 4.0, Made in China 2025, Fabrico inteligente, Internet industrial**

I. INTRODUÇÃO

O desenvolvimento das tecnologias da informação e da comunicação está a aprofundar a revolução na produção e a equipar a produção inteligente com digitalização, ligação em rede e inteligência.

Na Feira de Hanôver de 2013, o governo alemão apresentou oficialmente a "Indústria 4.0" para promover a informatização da produção [1]. A feira anual de Hannover que se seguiu apresentou a Indústria 4.0 sob a forma de uma fábrica digital, logística combinada com uma solução de automação completa, um robot avançado, etc. Além disso, foram apresentados sistemas operativos da Indústria 4.0, como o Siemens Mindsphere [2] e o General Electric (GE) Predix [3]. De acordo com as estatísticas [4], a Hannover Messe 2017 atraiu 225 000 visitantes de todo o mundo.

Em 2015, o Conselho de Estado da China publicou o livro branco "Made in China 2025" para orientar as empresas chinesas na melhoria da sua produtividade e eficiência [5]. Em 2017, a China Aerospace Science and Industry Corporation desenvolveu a primeira plataforma de Internet industrial da China, a INDICS [6], que é uma plataforma de Internet industrial orientada para a nuvem de fabrico que visa a inovação tecnológica do fabrico e constrói um novo ecossistema de Internet industrial.

Atualmente, coexistem diferentes níveis de produção sob a forma de mecanização, eletrificação, automação e informatização em todo o mundo, por exemplo, na China. A forma de compreender corretamente a oportunidade da Indústria 4.0 e de modernizar a indústria transformadora está a tornar-se uma questão urgente. Consideramos a

Indústria 4.0 como o resultado de uma maior integração das tecnologias emergentes de informação e comunicação, em particular a Internet das Coisas [7, 8], 5G [9] e Big Data [10, 11], na indústria transformadora. A Indústria 4.0 centra-se na combinação da gestão do saber-fazer digital, das pessoas, dos equipamentos e dos materiais, e na utilização de uma plataforma operacional unificada para gerir sem descontinuidades as relações com os clientes, os processos de produção, os fluxos de informação e a logística.

O resto do documento está organizado da seguinte forma. A secção 2 analisa a Indústria 4.0 em termos dos seus objectivos, características, indicadores-chave de desempenho e Indústria 4.0 discreta e industrial. A secção 3 apresenta um roteiro para a implementação da Indústria 4.0. A secção 4 examina um estudo de caso da indústria siderúrgica 4.0. A secção 5 apresenta as lições aprendidas. A secção 6 conclui o documento e apresenta sugestões para o rumo da implementação da Indústria 4.0.

II. REVISITANDO A INDÚSTRIA 4.0

A. Conceitos

A GE descreveu pela primeira vez a Internet Industrial como o conceito de integração e ligação de dados maciços, ferramentas analíticas e redes sem fios com equipamento físico e industrial [12]. Mais recentemente, a Internet Industrial engloba as ideias de objectos inteligentes com tecnologia integrada e a Internet das Coisas (IoT) [13]. A Internet Industrial é o antecedente da Indústria 4.0. Definimos a Indústria 4.0 como o fabrico em rede orientado para os dados

A Indústria 4.0 é um sistema de gestão da informação com integração total da tecnologia da informação (TI) e da tecnologia operacional (TO). O princípio da Indústria 4.0 é a digitalização dos negócios com base na mecanização, eletrificação e automação. Por outras palavras, a Indústria 4.0 pode melhorar significativamente a conetividade, a eficiência, a escalabilidade, a poupança de tempo e a redução de custos nas dimensões da gestão do ciclo de vida do equipamento (ELM), da gestão do ciclo de vida do produto (PLM) e da gestão do know-how da empresa (KHM) (Fig. 1).

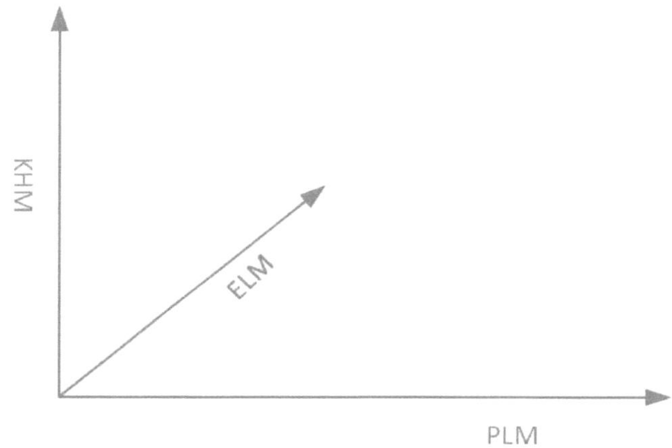

Figura 1. Os benefícios tridimensionais da Indústria 4.0

Dimensão PLM. A Indústria 4.0 prevê uma plataforma unificada para a PLM, desde a análise de mercado, o desenho concetual, o desenho preliminar e detalhado, o desenho do processo, a verificação do desempenho, a produção em pequena escala e em massa, o fabrico, as vendas, até ao feedback do cliente. A simulação do desempenho do produto, a montagem virtual e o fabrico virtual devem basear-se num modelo de produto 3D. A entrega da documentação do produto à fábrica também se baseia em dados digitais do produto.

A dimensão ELM. A ELM compreende uma combinação complementar de manutenção baseada na condição, manutenção baseada no tempo e até mesmo manutenção até à falha, quando justificado [14]. Para permitir ganhos máximos em equipamento, a Indústria 4.0 deve digitalizar a fábrica, os processos e o equipamento e monitorizar o seu estado operacional em tempo real, como a manutenção planeada e a manutenção preditiva do equipamento. A Indústria 4.0 poderia aplicar a modelação 3D a equipamentos-chave ou a processos perigosos para a manutenção de equipamentos no local.

Dimensão KHM: O know-how inclui todos os conhecimentos e competências relacionados com um produto, tais como desenhos de projectos, conhecimentos e competências de produção. A normalização, a digitalização e a manutenção do know-how são importantes para permitir que as empresas partilhem e agreguem dados e melhorem a eficiência. A "loja do século" também significa que o know-how da empresa deve ser bem integrado e herdado. A Indústria 4.0 planeia digitalizar o saber-fazer das empresas para que seja mais fácil integrá-lo e herdá-lo aquando da atualização de um sistema de fabrico.

B. Objectivos

Muitos países lançaram planos estratégicos nacionais para a indústria transformadora, como a Indústria 4.0 e o Made in China 2025. O seu principal objetivo é melhorar a produtividade e a eficiência do processo de produção e de toda a cadeia de abastecimento, a fim de promover ainda mais a competitividade dos seus produtos. A Indústria 4.0 baseada em dados é a solução certa e permite que as empresas obtenham manutenção preditiva, segurança e outras eficiências operacionais para obter produtos de alta qualidade, utilização eficiente de recursos e resposta rápida ao mercado.

A Indústria 4.0 centra-se na alta eficiência, na resposta rápida e na alta qualidade. Para o conseguir, a Indústria 4.0 requer não só actualizações de software e hardware, mas também mudanças nos métodos de gestão e nos valores dos produtos fabricados. A Indústria 4.0 permite que as pessoas tomem decisões baseadas em dados, tornando as decisões rastreáveis através da otimização de dados. Como resultado, a Indústria 4.0 tem como objetivo tornar a gestão simples, os processos normalizados, o conhecimento sistematizado através da análise de grandes volumes de dados e a transmissão de dados transparente. No fundo, a Indústria 4.0 permite uma gestão coerente e sistemática da produção, desde a venda até à conceção, graças à integração efectiva do sistema informático e do sistema OT, de modo a reduzir os níveis de gestão e de intervenção humana na produção.

C. Características

A Indústria 4.0 tem as seguintes características:

- Gestão digital do know-how, transparência dos dados, otimização dos sistemas, plataforma unificada de gestão da produção;
- Ligar e integrar pessoas, equipamentos e sistemas ao longo da cadeia de valor do produto;
- Todos os dados e informações relevantes podem ser obtidos dinamicamente junto dos fornecedores de produtos, produtores e clientes;
- Cada cadeia de valor pode ser continuamente optimizada com base em critérios como os custos, os recursos e as necessidades dos clientes;
- Gestão optimizada, normalização dos dados, valor acrescentado baseado em dados e tomada de decisões baseada em dados.

D. Indicador-chave de desempenho (KPI)

Os principais KPIs da Indústria 4.0 são apresentados na Figura 2: tempo de chegada ao mercado, flexibilidade, eficiência de recursos e qualidade do produto. A Indústria

4.0 orientada para os dados deve abordar estes KPI, integrando os dados altamente fragmentados gerados pelos diferentes processos de produção. Ao personalizar e otimizar a conceção dos produtos, a Indústria 4.0 responde às necessidades dos clientes em tempo útil; a Indústria 4.0 garante o funcionamento seguro e fiável dos equipamentos, monitorizando o seu estado em tempo real; a Indústria 4.0 melhora a produtividade, a eficiência e a qualidade dos produtos, optimizando os processos de produção.

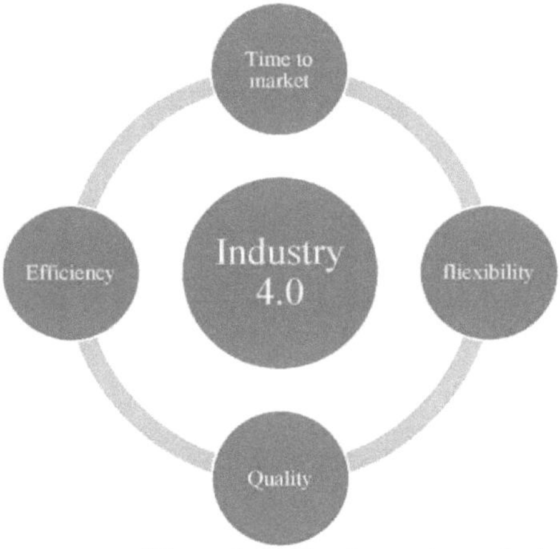

Figura 2: Indicadores-chave de desempenho para a Indústria 4.0

E. Discreto e industrial Industrie 4.0

O fabrico discreto é a produção de produtos discretos. Os exemplos incluem automóveis, mobiliário, brinquedos, smartphones e aeronaves [15]. A indústria discreta caracteriza-se pela complexidade do processo de produção e do equipamento de produção. A Indústria Discreta 4.0 centra-se na interconexão do equipamento de produção, na visualização dos dados de produção, na digitalização dos documentos de produção, na transparência do processo de produção com integração de ponta a ponta para alcançar uma produção de alta qualidade, alta eficiência e flexível.

A indústria de transformação é a indústria em que os processos de produção primária são contínuos ou têm lugar num lote de materiais indistinguíveis. A indústria de transformação é principalmente uma empresa de transformação de matérias-primas. Por exemplo, uma empresa siderúrgica [16]. A produção da indústria transformadora depende principalmente da capacidade do equipamento. A qualidade dos seus produtos depende principalmente do controlo preciso do equipamento e dos processos. Os processos e a gestão digitais são vistos como as principais formas de melhorar o desempenho da Indústria Transformadora 4.0. A atual solução Discrete Manufacturing 4.0 requer modificações especiais para se adaptar ao Process Manufacturing 4.0. Em geral, a implementação da Indústria de Processos 4.0 é apenas o começo.

III. Roteiro para a implementação da Indústria 4.0

A Figura 3 ilustra o roteiro que elaborámos para a implementação da Indústria 4.0. A implementação abrange o planeamento, a construção e o funcionamento da fábrica digital. É uma tarefa sistemática que envolve numerosos sistemas de informação, diferentes conjuntos de equipamentos e pessoal em diferentes posições. A Indústria 4.0 introduz aplicações inteligentes na fábrica digital, de modo a que cada unidade esteja ligada e integrada com base na monitorização em tempo real e na manutenção preditiva. A gestão do saber-fazer digital da Indústria 4.0 permite que as organizações eliminem os silos de dados e liguem pessoas, produtos, equipamentos e processos, desde o chão de fábrica até à gestão de topo, para alcançar uma melhoria contínua e permanente da gestão. Em termos concretos, o roteiro para a implementação da Indústria 4.0 abrange três fases principais:

- Analisar a situação atual para identificar os objectivos, o desenvolvimento, o funcionamento e a gestão da empresa, e compreender os problemas existentes e as diferenças entre o presente e o futuro.
- Planear módulos empresariais, tais como funções da Indústria 4.0, arquitetura do sistema, segurança do sistema e planos de gestão de produtos/equipamentos/know-how.

Implementação da Indústria 4.0, como a definição de módulos empresariais e a análise das prioridades dos módulos, análise de viabilidade, passos pormenorizados para a implementação da Indústria 4.0.

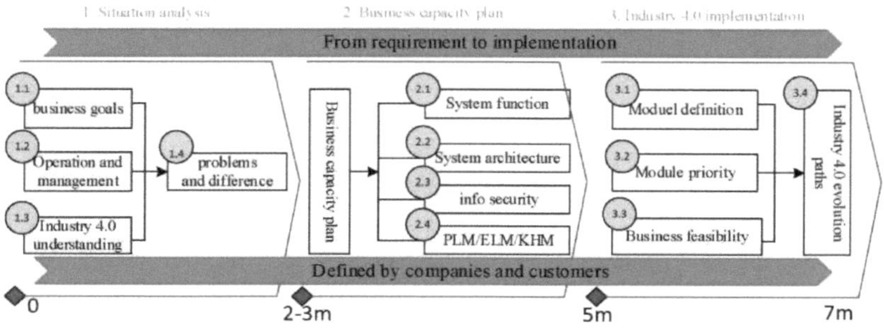

Figura 3: Roteiro para a implementação da Indústria 4.0

Com base na nossa experiência, as empresas podem seguir estas dicas para implementar a Indústria 4.0.

A primeira é pôr em prática o que é conhecido como um projeto de liderança de alto nível, que exige que uma equipa, desde o topo até ao pessoal geral, tenha uma compreensão unificada da Indústria 4.0. Além disso, a equipa deve distinguir a Indústria 4.0 da transformação tecnológica convencional e concentrar-se na sua implementação como uma estratégia de alto nível para o negócio.

A segunda consiste em organizar uma equipa especial para a realização de projectos-piloto, pondo em comum determinados recursos financeiros e humanos, optimizando e integrando os recursos internos e externos e mobilizando plenamente os trabalhadores dos níveis médio e inferior da empresa.

Em seguida, a empresa deve definir os indicadores-chave de desempenho e os projectos-piloto em conformidade com as normas da Indústria 4.0/Made in China 2025. A implementação da Indústria 4.0 e o seu plano a longo prazo devem basear-se no plano diretor da empresa.

Em seguida, uma empresa deve consolidar a solução da Indústria 4.0 que pode formar normas para a aplicação e o sector.

Por último, uma empresa deve cooperar com integradores de sistemas, utilizadores finais e fornecedores de plataformas para promover e amadurecer as soluções da Indústria 4.0.

A Indústria 4.0 é amplamente considerada como a principal força que impulsiona as empresas industriais atualmente. A sua implementação e implantação requerem um plano a longo prazo. A Figura 4 mostra as fases gerais da transição da Indústria 2.0 para a Indústria 4.0, adaptadas a diferentes domínios.

Importa sublinhar que a Indústria 4.0 não se limita a atualizar o software e o hardware, mas também a alterar a cultura empresarial, a estrutura organizacional da normalização dos dados, a gestão optimizada e as pessoas. Olhando para as fábricas digitais e as fábricas físicas, o objetivo final da Indústria 4.0 é conseguir a integração PLM/ELM/KHM em fábricas virtuais e que as fábricas virtuais interajam com as fábricas físicas. A fábrica física é responsável pela produção, operações e logística, e a fábrica virtual é responsável pela otimização, simulação, verificação, gestão do know-how e entrega.

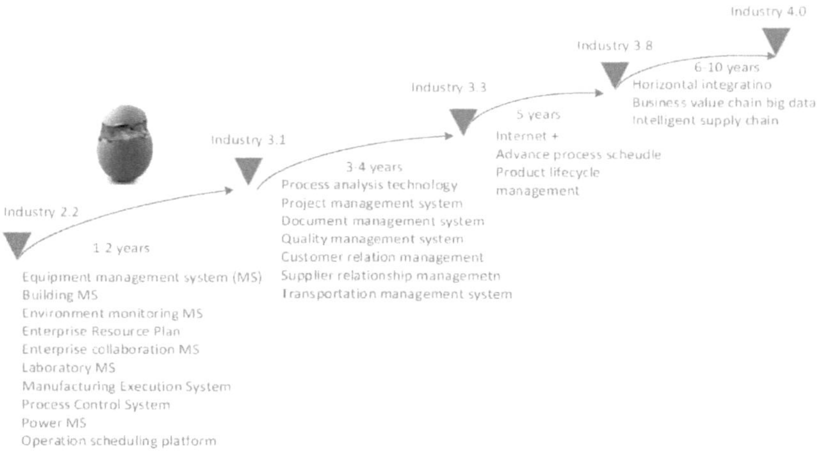

Figura 4: Passos para a Indústria 4.0

IV. ESTUDO DE CASO: INDÚSTRIA DO AÇO 4.0

A. Arquitetura digital para a indústria do aço

Da nossa avaliação das empresas, constatámos que uma empresa siderúrgica típica não dispõe de uma plataforma unificada para o ciclo de vida dos produtos e para a gestão do ciclo de vida dos equipamentos. A figura 5 ilustra a arquitetura que concebemos para implementar a Indústria do Aço 4.0. Atualmente, a digitalização e a normalização não são amplamente praticadas. Há também uma falta de prática na modelação do know-how e no armazenamento digital. Faltam mecanismos para operações menos humanizadas/não tripuladas em ambientes adversos ou de alta intensidade, e para a gestão da qualidade em big data, que são barreiras à competitividade das empresas.

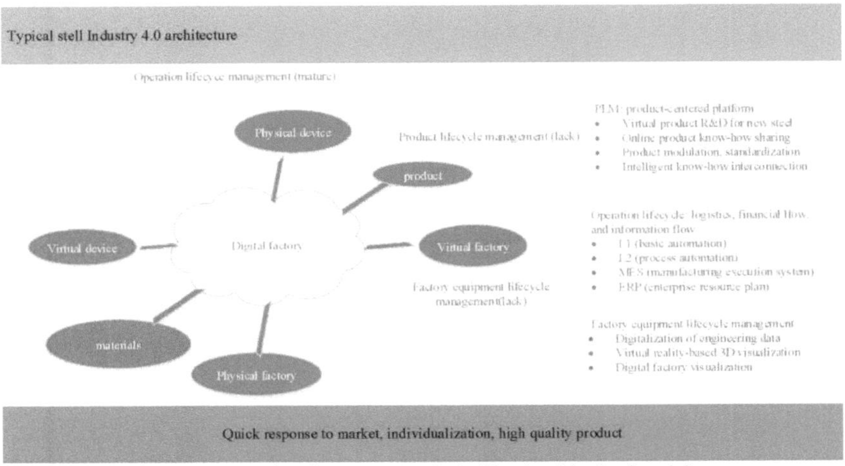

Figura 5. Arquitetura para a implementação da indústria siderúrgica 4.0

B. Plataforma digital unificada de conceção e funcionamento

Concebemos a plataforma digital unificada de design e operações. Esta plataforma fornece documentos digitais em vez de desenhos tradicionais, eliminando silos de dados e facilitando os fluxos de dados nas cadeias de processos. As alterações a um elemento de dados também serão actualizadas noutros locais. Os documentos digitais relativos a instalações e equipamentos podem ser utilizados para construir os seus modelos 3D, que podem ser aplicados à formação em operação e manutenção através da utilização de realidade virtual.

C. ecrã inteligente

Na indústria siderúrgica, concebemos uma plataforma de visualização inteligente que apresenta aos níveis de decisão da empresa informações completas e rápidas sobre as oficinas, o MES e o ERP, facilitando a tomada de decisões sobre as operações, as finanças e o marketing.

D. Gestão do ciclo de vida PLM

A gestão do ciclo de vida do produto está no centro da Indústria 4.0. Utiliza o produto como um objeto para integrar todas as informações relacionadas com o produto, desde os requisitos, o design, o design preliminar e detalhado, a simulação, o processo, o fabrico até às vendas do produto e à experiência do utilizador, numa plataforma unificada. Entre estas informações, a lista de materiais desempenha um papel muito importante na personalização da produção. A indústria siderúrgica tem aplicado o modelo matemático de processo ao seu controlo. O seu principal objetivo é especificar os parâmetros do processo em função dos produtos e dos processos.

E. Gestão do ciclo de vida ELM

Atualmente, a maioria das indústrias de processo implementou sistemas ELM baseados no código do equipamento. Como parte da transformação da Indústria 4.0, consideramos que a ELM deve ser orientada para objectos, em vez de se limitar à gestão do código do equipamento. A GLE orientada por objectos abrange as informações de conceção, fabrico, funcionamento e manutenção relacionadas com o equipamento.

V. LIÇÕES

Aprendemos as seguintes lições ao praticar a Indústria 4.0 com os clientes durante mais de dois anos.

A implementação da Indústria 4.0 é um processo gradual. Requer um plano global e tem em conta a cooperação entre PLM, ELM, ERP e KHM. As empresas são aconselhadas a concentrarem-se na implementação de acordo com as suas próprias necessidades e condições reais. As empresas ganham coragem e confiança ao implementarem um primeiro sistema digital e ao beneficiarem do mesmo. Como resultado, as empresas estão a alcançar gradualmente a transformação da produção tradicional em empresa digital e produção inteligente.

A implementação da Indústria 4.0 é um processo de construção de fábricas digitais que combina nova gestão e novas tecnologias. Utiliza plenamente as modernas tecnologias da informação e da comunicação para integrar os sistemas informáticos e os sistemas informáticos para reorganizar as empresas, em vez de se limitar a substituir o pessoal por computadores e a incorporar a gestão tradicional nas redes informáticas.

Consequentemente, a Indústria 4.0 requer uma equipa especial para garantir o sucesso da implementação e o desenvolvimento contínuo da fábrica digital. A equipa é composta por uma combinação de pessoal de gestão, líderes empresariais e pessoal técnico ou consultores externos.

É importante que as empresas formem o seu pessoal para a Indústria 4.0, desde o administrador ao nível da tomada de decisões até ao trabalhador no chão de fábrica. A tónica deve ser colocada na implementação da fábrica digital pelo gestor administrativo, o diretor da empresa e o trabalhador operacional.

A implementação da Indústria 4.0 significa digitalização e informatização a longo prazo para as empresas. É necessário um ajuste e uma coordenação a longo prazo entre os sistemas de informação e os sistemas operacionais devido à influência do ambiente externo e de factores internos.

VI. CONCLUSÃO

A Indústria 4.0 promete revolucionar a indústria transformadora ao permitir a integração de tecnologias de informação e ambientais através da aquisição e acessibilidade de quantidades muito maiores de dados a velocidades muito mais elevadas. A forma como entendemos a Indústria 4.0 é importante para orientar a sua implementação no sentido de promover a produtividade e a eficiência na indústria transformadora. Entendemos a Indústria 4.0 como sistemas de informação digital em rede, orientados para os dados, na indústria transformadora, para apoiar a gestão do ciclo de vida dos produtos, a gestão do ciclo de vida dos equipamentos e a gestão do know-how. A Indústria 4.0 utiliza uma plataforma colaborativa unificada para gerir de forma integrada a produção, o processo, a logística e o fluxo de dados, com o objetivo de combinar a gestão do conhecimento, das pessoas, das máquinas e dos materiais. Neste artigo, revisitamos a Indústria 4.0 do ponto de vista dos conceitos, objectivos, características, indicadores-chave de desempenho, Indústria 4.0 discreta e Indústria 4.0 de processo. Concebemos um roteiro de referência para a implementação da Indústria 4.0. Analisamos um estudo de caso de uma indústria siderúrgica 4.0 e as lições aprendidas. São apresentadas sugestões para fazer avançar a Indústria 4.0 no futuro.

Melhorar a política de apoio à inovação tecnológica, como os centros estatais de investigação em engenharia e os principais laboratórios, e incentivá-los a investigar e desenvolver sistemas de fabrico inteligentes com a indústria transformadora.

Estabelecer especificações e normas para o fabrico inteligente, que são indissociáveis da prática concreta e do apoio a projectos-piloto.

Prestar especial atenção à formação do pessoal da indústria transformadora, que possui conhecimentos de sociologia, economia e ciências humanas, bem como de inteligência artificial.

Reforçar os intercâmbios e a cooperação internacional. Este projeto é uma iniciativa conjunta da União Europeia e da União Europeia.

A Baowu Siemens Industry 4.0 Exploration é um bom exemplo da cooperação sino-alemã na implementação do fabrico inteligente e das normas da Indústria 4.0.

REFERÊNCIAS

H. Kagermann, W. Wahlster e J. Helbig, eds. 2013: Recommendations for the implementation of the Industry 4.0 strategic initiative: Final report of the Industry 4.0 working group.

https://www.siemens.com/global/en/home/products/software/mindsphere.html. consultado em 25.03.2018.

https://www.ge.com/digital/predix-platform-foundation-digital-industrial-applications. consultado em 25.03.2018

http://www.hannovermesse.de/home. consultado em 25.03.2018

http://english.gov.cn/news/video/2016/08/27/content_281475427020647.htm. accessed by 25.03.2018

INDICS. http://intl.indics.com/, consultado em 18.03.2018. consultado em 25.03.2018

J. Zhou, T. Leppanen, E. Harjula, et al. Cloudthings: Uma arquitetura comum para integrar a Internet das coisas com a computação em nuvem. Na 17.ª Conferência Internacional do IEEE sobre Trabalho Cooperativo Apoiado por Computador em Design (CSCWD), pp. 651-657, 2013.

https://www.superiot.fi/. consultado em 25.03.2018

https://5gtn.fi/. consultado em 25.03.2018

M. Chen, J. Yang, J. Zhou. 5G-Smart Diabetes: Rumo ao diagnóstico personalizado de diabetes com nuvens de big data de saúde. Revista IEEE Communications. *IEEE Communications,* vol. 56, n.º 4, pp. 2-9, abril de 2018.

W. Zhang, Y. Zhang, J. Zhai, D. Zhao, L. Xu, J. Zhou, Z. Li, S. Yang, fusão de dados de várias fontes usando aprendizado profundo para refrigeradores inteligentes, *Computadores na Indústria,* Vol.95, pp. 15-21, 2018.

Internet Industrial. https://www.techopedia.com/definition/30044/industrial-internet, consultado em 18.03.2018.

S.Jeschke, C.Brecher, T.Meisen, D. Ozdemir, T. Eschert. A internet industrial das coisas e os sistemas de fabrico eletrónico. Em Industrial Internet of Things, pp. 3-19, 2017.

http://tecem.com.br/site/downloads/artigos/sisappr.pdf. Acedido em 25.03.2018.

JD Edwards World Gestão de dados do produto - Guia discreto. Oracle. abril de 2013. Acedido em 25.03.2018.

http://searcherp.techtarget.com/definition/process-manufacturing. Acedido em25.03.2018.

Conteúdo

MIX
Papier aus verantwortungsvollen Quellen
Paper from responsible sources
FSC® C105338

Printed by Books on Demand GmbH, Norderstedt / Germany